A LA
NATION FRANCAISE

SUR

LA NÉCESSITÉ OU ELLE VA SE TROUVER, LE JOUR FIXÉ POUR
LES ÉLECTIONS, DE DONNER A SES DÉLÉGUÉS

LE MANDAT IMPÉRATIF

D'INSCRIRE DANS LA CONSTITUTION

1° L'ABOLITION DU TITRE VANITEUX DE REPRÉSENTANT DU PEUPLE
ET DE TOUS LES PRIVILÉGES QUI ONT DÉCOULÉ DE CETTE FICTION ;

2° LE RENOUVELLEMENT PAR TIERS, LE TIERS SORTANT NON RÉÉLIGIBLE ;

PAR

LE GÉNÉRAL RETRAITÉ CH. DE MONTIGNY-TURPIN.

> « La meilleure Constitution possible sera celle
> » qu'on ne vous aura pas imposée, que vous aurez
> » choisie de sang-froid, parce que, en l'observant
> » et lui obéissant, vous croirez faire votre constante
> » volonté. »

2e ÉDITION.

Prix : 50 centimes.

PARIS
E. DENTU, LIBRAIRE-ÉDITEUR,
PALAIS-NATIONAL, GALERIE D'ORLÉANS, 13.

1851

A LA

NATION FRANÇAISE

SUR

LA NÉCESSITÉ OU ELLE VA SE TROUVER, LE JOUR FIXÉ POUR
LES ÉLECTIONS, DE DONNER A SES DÉLÉGUÉS

LE MANDAT IMPÉRATIF

D'INSCRIRE DANS LA CONSTITUTION

1º L'ABOLITION DU TITRE VANITEUX DE REPRÉSENTANT DU PEUPLE
ET DE TOUS LES PRIVILÉGES QUI ONT DÉCOULÉ DE CETTE FICTION;

2º LE RENOUVELLEMENT PAR TIERS, LE TIERS SORTANT NON RÉÉLIGIBLE;

PAR

LE GÉNÉRAL RETRAITÉ CH. DE MONTIGNY-TURPIN.

> « La meilleure Constitution possible sera celle
> » qu'on ne vous aura pas imposée, que vous aurez
> » choisie de sang-froid, parce que, en l'observant
> » et lui obéissant, vous croirez faire votre constante
> » volonté. »

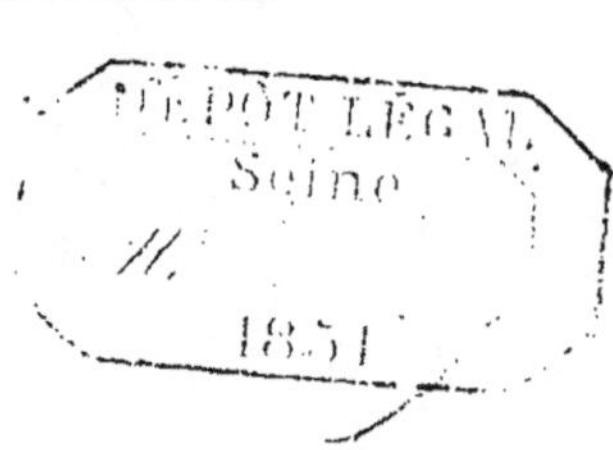

PARIS

E. DENTU, LIBRAIRE-ÉDITEUR,

PALAIS-NATIONAL, GALERIE D'ORLÉANS, 13.

—

1851

PARIS. — TYPOGRAPHIE PLON FRÈRES,
RUE DE VAUGIRARD, 36.

A LA

NATION FRANÇAISE.

Grande reine, écartez de funestes présages ;
Goûtez des jours sereins nés du sein des orages.
Les dieux nous ont donné la victoire et la paix ;
Ainsi que leur courroux ressentez leurs bienfaits.

(*Mérope.*)

Ne vous préoccupez pas de la Constitution que vous ne connaissez pas, qui vous sera soumise. Elle n'est encore qu'à l'état de ballon d'essai que des mains hardies ont lancé dans l'océan des temps, et soyez assurée qu'il arrivera à l'heure annoncée par l'aéronaute modeste et prudent qui, à l'exemple du législateur de Sparte, n'a pas pris place dans l'esquif.

C'est vous, vous-même, souveraine éternelle, qui en confiâtes la direction à un nom glorieux, puissant, que représente pour le bonheur du monde pacifié l'homme précoce (« *D'età fanciullo e di ragion » matura...* » Metast.) dont vous fîtes l'empereur de la République, parce que fils d'un grand homme, mais qui, par un saint respect pour votre suzeraineté inaliénable, par reconnaissance pour votre jeune République qui venait de lui rendre sa grande et bienveillante patrie, a paru n'avoir pas compris toute la portée de votre suffrage, **dans l'espoir de mériter encore votre suffrage universel**, cette fois approbatif et toujours plus flatteur.

Quelques observateurs ont cru reconnaître que sur son passage l'aérostat répandait la stérilité; d'autres affirment qu'il est gros d'orages, et qu'il est tout rempli du gaz délétère de l'élément démocratique.

L'élément démocratique n'est dangereux et vraiment délétère que, comme en 1830, lorsqu'on le comprime ou qu'on le falsifie par un mélange aristo-oligarchique, d'où résulte votre anéantissement et la pire des corruptions.

Non que je prétende, ô gracieuse souveraine, décider laquelle des formes gouvernementales est la meilleure. LA MEILLEURE SERA CELLE QU'ON NE VOUS AURA PAS IMPOSÉE, QUE VOUS AUREZ CHOISIE, PARCE QU'EN L'OBSERVANT ET LUI OBÉISSANT VOUS CROIREZ FAIRE VOTRE CONSTANTE VOLONTÉ.

Mais, quoique l'œuvre à présent éprouvée soit unanimement reconnue insuffisante pour vous sauver, ne vous attendez pas qu'elle puisse être revisée par le petit nombre de ceux à qui elle profite; car on peut bien discuter et se mettre d'accord sur des opinions divergentes, jamais sur des intérêts personnels qui diffèrent.

Or, madame, vos délégués formés en Assemblée nationale profitent eux seuls des imperfections de l'œuvre. Elle compte dans ses rangs beaucoup d'Aristides, mais qui, de guerre lasse, consentiront à conserver encore quelque temps un titre et des prérogatives sans exemple dans aucun temps, en quelque lieu que ce soit.

Où donc, en quel temps si malheureux avait-on vu des délégués du peuple, chargés de la rédaction d'un pacte social, se soucier si peu du souverain, leur mandant, qu'ils se crussent dispensés de le soumettre à sa sanction? Et cela après y avoir mis l'étiquette, mais rien que l'étiquette *démocratique*, laquelle par parenthèse était superflue, parce que la démocratie est passée dans les mœurs, et que l'élement anciennement aristocratique s'y est fondu petit à petit irrévocablement; dans cet état de choses, qui s'est produit lentement, ce n'est pas la noblesse qui, comme en 89, est descendue du premier rang, c'est le peuple qui s'y est élevé pour la recevoir dans le sien et l'y protégér de votre toute-puissance. Ainsi se trouvait accompli le grand problème social, dont on avait discouru sans le résoudre, de liberté et d'égalité, faisant la sûreté de tous et de tout.

Certes il n'y avait rien à changer à cette harmonie. Pourquoi faut-il que vos délégués l'aient troublée, détruite, en s'imposant à vous-même, à tous vos enfants, à titre de réprésentants inviolables, irresponsables, indépendants de votre justice, c'est-à-dire de celle du pays qui la rend en votre nom ?

Inviolables! même si l'on conspire en plein jour contre *ce qui est* (ce qui est toujours respectable)! Ce qui est, c'est le représentant de votre souveraineté que vous avez élu par six millions de votes libres et qu'on attaque tantôt à coups de lois de circonstance, tantôt par des propositions de loi insidieuses, tantôt avec des paroles et des calomnies, tantôt enfin avec l'épée de l'État que lui seul, en votre nom, a le droit de tirer avec justice.

Irresponsables! s'ils usent du droit d'initiative et qu'elle donne lieu à la guerre civile ou autres malheurs publics [1].

Indépendants de la justice du pays! s'ils tuent, comme cela est arrivé à Périgueux! s'ils frappent brutalement une pauvre femme de chambre, comme aux Tuileries! s'ils font des dettes et ne les payent pas à l'échéance, c'est-à-dire s'ils manquent à l'exacte probité qui veut qu'on paye et que ce soit à l'échéance!! Je vous prie, très-chaste souveraine, de pénétrer par la pensée dans le dédale de ce code du priviléges, et vous aurez peine à ne pas rougir en y

---

[1] Une loi d'Athènes frappait d'ostracisme les orateurs dont les propositions avaient donné lieu à des entreprises non couronnés de succès.

découvrant un je ne sais quoi qui ressemble à d'anciens abus de la puissance féodale et qu'il faut bien appeler par leur nom, droit de cuissage et de culage. Et qu'on ne se récrie pas, car je répondrai par des exemples ; qu'on ne s'arrête pas sur la pente glissante du privilége, et que les abus, petits à leur naissance, grandissent vite !

Si vous m'accordiez la liberté de me glisser dans votre conseil, j'émettrais, sous la forme respectueuse du doute, quelques avis.

Réforme complète de tous les priviléges ; la loi commune pour tous les Français.

Le droit d'initiative parlementaire restreint aux choses matérielles, avec prohibition de porter à la tribune des questions de personnes, de peur de mettre en nom les chefs de partis différents, car il n'y a, ou du moins il ne peut y avoir sous votre règne, qu'une France.

Ainsi l'Assemblée nationale ne pourrait recommander à votre suffrage universel, non restreint, ni le Président actuel de la République, ni aucun autre. Quant aux paroles de M. Dufaure qui ont obtenu les applaudissements de tous les candidats ses concurrents, quand il a dit que Louis Bonaparte, ayant juré d'observer l'œuvre non encore soumise à votre sanction, ne devrait pas se porter candidat, voilà ce que j'ai à dire : vous n'avez pas accepté, ou est le pacte ?

Nul ne peut se dire et tous nous pouvons être le candidat du grand peuple. Dans la plénitude de sa liberté et dans l'exercice de sa souveraineté d'un jour, il jette dans l'urne *un nom*, qu'il peut aller prendre sous les verrous, dans l'exil, sur le trône ou sur le fauteuil présidentiel ; car, devant la nation assemblée, les jugements politiques, la Constitution en projet, ne peuvent entraver sa volonté, parce que la volonté ne se délègue pas (Rousseau, *Contrat social*), ne s'aliène pas davantage.

Permettez, madame, que j'attache aux noms qui me viennent dans la mémoire une étiquette significative.

Cavaignac : Règne de l'Assemblée sous un protecteur et l'état de siége.

Lamartine, Girardin, Ledru-Rollin : Règne de l'idée et de la presse libre, irresponsable.

Henri V : Constitution de 1814, deux Chambres, deux noblesses, la censure, l'art. 14.

Louis-Napoléon : L'Empire de la République ; électif après une période de cinq années, à pareil jour ; deux conseils : des Cinq-Cents, des Anciens ; plus de sénat, plus de pairs, et rétablissement du Tribunat.

Je me suis tu sur la branche cadette des Bourbons, parce qu'elle ne peut vouloir arriver qu'à la suite de la branche aînée, qui n'a qu'un seul rejeton, à moins qu'à l'exemple de l'Angleterre, de l'Espagne, du Portugal, etc., on fasse arriver les femmes, qui sont souvent de grands hommes.

Je n'ai rien dit des traitements, qui, sous différentes formes et titres des magistratures, me paraissent devoir être les mêmes ; car c'est toujours vous, grande reine, qui régnez, et votre représentant n'aura d'éclat qu'en raison de ses bienfaits répandus sur des malheurs honorables.

Quant à ceux de vos délégués [1], ceux de vos villes et de la campagne, ils recevraient, comme indemnité de déplacement, un jeton de présence de la valeur de 40 fr. et pendant quatre mois, durée d'une session. La session close, ils devraient habiter leur arrondissement respectif, afin de retremper leur esprit dans l'esprit de leurs commettants.

Le corps législatif, composé de 400 membres, serait nommé Conseil des Quatre-Cents ; et 3 présidents jouissant chacun d'un traitement de 40,000 fr. Le président en exercice toucherait en sus 12,000 fr. par mois pour frais de représentation ; la représentation devrait absorber l'indemnité et non la dépasser. Les présidents et le bureau seraient en permanence.

---

[1] Le peuple ne se fractionne pas ; il n'est pas donné à des particuliers délégués d'arrondissement de prendre le titre de représentant du peuple, c'est à cet abus qu'il faut attribuer les crimes de nos mauvais jours, car il donnait le vertige.

Le président de la République ou tout autre premier magistrat ou roi, unité collective, ne prend pas ce titre vaniteux quoiqu'il dût lui appartenir.

Pour mettre, autant que possible, obstacle à la corruption oligarchique, le renouvellement de la Chambre aurait lieu par tiers, le tiers sortant non rééligible.

Le suffrage universel rétabli avec de nouvelles conditions de rééligibilité, qui seraient pour les éligibles : 28 ans accomplis, être domicilié, avoir payé les dettes de la succession de ses père et mère, n'être pas sous le coup de poursuites de la part d'aucun créancier.

N'avoir pas l'habitude de l'intempérance, des disputes, des rixes, de la férocité, de l'usure, du blasphème, n'être point séparé de corps ou de bien s'il est marié.

Pour l'exécution de cette censure des mœurs, établissement dans chaque municipalité, d'un tribunal composé de trois censeurs et d'un accusateur public. Ce tribunal prononcera en séance publique, refusera ou admettra l'éligibilité après avoir entendu le citoyen dont l'éligibilité était contestée.

Jusqu'ici la tribu rustique n'a pas été assez représentée; cette tribu, chez laquelle les mœurs nationales se conservent pures et robustes, n'a point encore occupé une place proportionnelle dans le parlement : vous y aviserez comme une mère tendre qui aime tous ses fils.

Enfin, madame, je dois vous dire, et cela sans compliment, que vous êtes riche, très-riche, si riche

que vous tenez caché, inutile, un fonds considérable
du budget des honneurs avec lesquels vous aviez
coutume de récompenser les services hors ligne de
vos braves armées, auxquelles on ferait littérale-
ment banqueroute si on démonétisait le signe de la
valeur exclusivement militaire. Vous comprenez,
grande reine, que je désigne par ces quelques mots
votre ordre religieux et militaire de Saint-Louis,
dont l'ordre de la Légion d'honneur ne saurait être
jaloux, puisqu'il est porté par tous les hommes de
mérite, et que l'ordre de Saint-Louis est réglé par
des statuts qui écartent tous les mérites et n'y admet-
tent que la seule vertu militaire.

Les membres du conseil des Anciens seraient
au nombre de trois cents, âgés de soixante ans au
moins, retraités et jouissant de plus de trois mille
francs de pension, devraient être décorés des deux
ordres et y compter plus de vingt ans d'ancienneté :
comme les 400, ils toucheraient un jeton de présence, seraient à vie, en considération du peu qui
leur en reste, et ne pourraient exercer aucune autre
fonction : au lieu qu'il convient que les 400 retour-
nent à la charrue, au barreau, à leurs fonctions,
aux industries diverses.

Ainsi, comme la Charte de 1814, la vôtre, madame,
rapprocherait les temps anciens du temps présent,
sans rétablir les deux noblesses, l'une jeune, l'autre
surannée, toutes deux vaniteuses et périlleuses et

dont la résurrection troublerait l'harmonie sociale
qui résulte de l'égalité. Qu'on lise dans Diodore de
Sicile les horribles massacres dans lesquels ont été
noyés dans le sang des citoyens, tantôt les partis
démocratiques, tantôt les aristocratiques, et qu'on se
souvienne de 91, 92, 93, et on frémira à la pensée
du rétablissement de ces dénominations. L'égalité
est mère de sûreté; ne souffrez pas qu'on y porte
atteinte : restez ce que vous êtes, une nation, un
peuple, une France.

Si, faute de faire un juste emploi de la monnaie
des honneurs, qui enrichit l'État quand on la dépense,
vous dussiez doter un sénat, une chambre des pairs,
créer des titres, détruire l'harmonie sociale, tout
changerait; à cela, je dis : « N'attendez rien de bon
du peuple imitateur, » et n'imitez pas surtout les
prodigalités répandues sur les courtisans. C'est créer
des intérêts, qui, dans les moments de crise, ne
manquent jamais de se séparer du vôtre; témoin le
sénat de 1814.

Quel que soit votre amour de mère pour tous vos
fils, vous ne pouvez empêcher qu'ils soient d'humeur
différente, plus ou moins forts, intelligents, labo-
rieux, ce qui fait que votre immense famille se com-
pose nécessairement de riches et de pauvres. On y
avait remédié dans Athènes par la création de l'ar-
chontat, à Rome par l'élection des édiles. C'est
pourquoi, à côté des préfets et sous-préfets, qui

sont à la nomination de votre premier magistrat, président, empereur, roi, comme il vous plaira, je voudrais que vous vous réservassiez l'élection d'un édile par chaque arrondissement, non salarié, qui comme les Flaminius, Appius, Claudius, attacheraient leurs noms, dès lors immortels, aux grands ouvrages de publique utilité. « Il s'en présentera, gardez-vous d'en douter, » et Montesquieu assure que pour le choix des édiles vous êtes infaillible; vous le serez à coup sûr lors de l'élection de votre premier magistrat, qui ne peut être ni avancée, ni retardée, à laquelle vous vous donnerez tout entière, le jour annoncé ayant lui, car il n'y a pas d'autre moyen de sortir du provisoire.

Le provisoire! Mais il obère l'agriculture, le commerce, les arts; effraye les capitaux, paralyse la fabrication, éteint le génie et ferait presque regretter l'antique esclavage, comme dit la chanson; mais rappelez-vous qu'en retranchant de vos annales les jours de la terreur, elles prouvent que vous avez toujours été libre, soumise seulement aux lois invariables [1], que vous fîtes revivre dans la guerre le

---

[1] Ce qui fait de la France la première puissance, c'est que le roi y est soumis aux lois. (MACCHIAVELLI.)

Louis XVI envoya au parlement l'affaire du collier, quoique le cardinal grand-aumônier prince Louis de Rohan eût, en sa qualité de pair, décliné la juridiction de ce parlement.

> Numa, qui fit nos lois, y fut soumis lui-même.
>
> (VOLTAIRE, Brutus.)

siècle d'Alexandre et celui d'Auguste dans les let-
tres et la philosophie. O grand peuple! peuple ro-
buste, généreux, invincible, tu n'as qu'à conserver
le précieux dépôt d'honneur, de gloire, de piété,
de liberté que t'ont transmis tes ancêtres. O nation
antique, toujours jeune d'une immortelle jeunesse,
toujours belle, spirituelle, mais crédule, fais une
distinction entre les amants et les séducteurs, re-
pousse la flatterie et les menaces injurieuses à ta
souveraineté, à ta majesté d'un jour. A ceux qui
voudraient réglementer ta volonté, réponds :

« La nation assemblée n'a point de maître et n'a
d'ordre à recevoir d'aucun de ses délégués. »

Cette réponse, imitée de celle d'un tribun factieux,
alors grosse de révolutions, parce qu'elle mécon-
naissait et attaquait le principe d'ordre, sera désormais légale et conservatrice du principe de la souveraineté nationale, qui est tout l'ordre actuel.

Vous allez, par conséquent, madame, vous trouver au jour fixé pour l'élection, après avoir jeté
dans l'urne UN NOM, celui que vous croirez le plus
digne et capable de vous sauver; de donner à vos
délégués le MANDAT IMPÉRATIF D'INSCRIRE DANS LA
CONSTITUTION :

1° L'abolition du titre vaniteux de représentant
du peuple et de tous les priviléges qui ont découlé
de cette fiction;

2° Le renouvellement par tiers, le tiers sortant non rééligible ;

3° Un article de loi somptuaire proportionnel qui atteindrait toute personne titrée anciennement et qui tenterait de s'en prévaloir dorénavant ;

4° La création de l'édilité élective et non salariée ;

5° La division du Parlement en deux Chambres, des 400, et des 300 Anciens.

O peuple ! je rentre dans tes rangs soumis à ta raison, tu as un autre conseiller, le plus grand de tes sages ; mes amis, qui me regardent comme si j'étais la mémoire des temps passés, m'imposent la tâche de répondre à des articles erronés insérés dans les journaux les plus estimables, ce qui m'oblige à marcher à leur suite à la clarté du seul flambeau qui désormais sert de guide aux nations et à l'esprit humain.

Général Ch. DE MONTIGNY-TURPIN,
47, rue Madame.

www.ingramcontent.com/pod-product-compliance
Lightning Source LLC
Chambersburg PA
CBHW061719050726
47598CB00004B/1916